INSTRUCTIONS

POUR

LE DAGUERRÉOTYPE

ET L'USAGE DE L'APPAREIL GAUDIN.

PARIS. — IMP. DE MAUQUELIN ET BAUTRUCHE, R. DE LA HARPE, 90.

INSTRUCTIONS

POUR

LE DAGUERRÉOTYPE

ET L'USAGE DE L'APPAREIL GAUDIN,

SUIVI

D'UNE NOTICE ABRÉGÉE POUR

L'ELECTROPLASTIE

ET LE

TRAVAIL AU BAIN D'ARGENT.

En vente chez A. GAUDIN,
6, RUE MONTMARTRE.

PARIS,

IMPRIMERIE DE HAUQUELIN ET BAUTRUCHE,
RUE DE LA HARPE, 90.

1844

AVANT-PROPOS.

On m'a demandé tant de fois une instruc-
tion pour l'usage de l'appareil Gaudin et des
substances accélératrices, que je me décide,
en attendant le traité de Photographie de
mon frère, à publier une notice renfermant
les préceptes indispensables à observer pour
arriver à une bonne réussite. Mon frère
diffère toujours sa publication pour la rendre

plus complète, et c'est aidé de son manuscrit autant que de ma propre expérience, que j'écris cette courte notice, dans le but de faire une chose agréable aux personnes qui veulent bien m'honorer de leurs commandes.

INSTRUCTIONS

POUR

LE DAGUERRÉOTYPE

ET L'USAGE DE L'APPAREIL GAUDIN.

Pour bien réussir au Daguerréotype, il faut une réunion extraordinaire de circonstances; c'est-à-dire que tout se soit trouvé parfait. On ne saurait donc réussir complétement, si la qualité des matériaux était mauvaise. Après la perfection de l'appareil, vient nécessairement la bonne qualité des plaques; il serait en effet impossible au plus habile expérimentateur, d'obtenir une belle épreuve avec une plaque de qualité inférieure : si l'argent manque en un point de la plaque, le dessin ne peut y marquer. Les autres produits exigent tout autant de soins dans leur préparation : les composés d'iode, de brome et de chlore doivent être préparés en observant certaines proportions; le mercure doit être bien pur ; les poudres à polir et le coton doivent être exempts de grains et de corps gras ; en un mot, il faut d'abord s'assurer de la bonne qualité de ses matériaux. Je vais donc dire à quels signes on reconnaît la bonté du matériel.

APPAREILS.

L'objectif est sans contredit la pièce principale d'un appareil, parce que rien ne saurait suppléer à son infériorité ; il faut donc avant tout éprouver l'objectif, en examinant à la loupe les images qu'il donne sur le verre dépoli, ou mieux encore, en faisant une épreuve avec son secours. Si la netteté est satisfaisante, et presque aussi grande aux bords qu'au centre de l'image, l'expérience sera décisive.

Il y a deux sortes d'objectifs : les objectifs simples, et les objectifs doubles, ou à verres combinés. Les premiers sont moins chers, et se trouvent généralement meilleurs, à cause de la simplicité de leur construction ; mais ils ne donnent pas des images aussi vigoureuses, à moins de réduire considérablement le diaphragme. Les verres doubles ont généralement plus de lumière et une netteté plus grande ; mais souvent cette netteté ne s'acquiert qu'aux dépens de la forme, tant il est difficile de combiner deux verres (composés eux-mêmes de plusieurs pièces) sans déformer les images. Avec les doubles verres, on court moins le risque de voir empiéter les blancs ; mais les images ne conservent guère de netteté que pour un même plan perpendiculaire à la ligne visuelle. Tout bien considéré, on voit que chaque système a son avantage : par exemple, les doubles verres sont en grande faveur auprès des faiseurs de portraits.

Avant d'employer activement votre appareil, il sera bien de le graduer vous-même, ou du moins de vérifier sa graduation, pour n'y plus revenir. Avec un peu d'habitude, l'emploi de l'appareil, en se réglant sur la graduation, est plus expéditif et aussi sûr ; car, si vous observez bien les distances marquées sur les lignes de graduation, le point est toujours meilleur qu'en le déterminant au moment même, ce que l'on ne fait souvent qu'à peu près lorsqu'on opère. Cependant cette méthode s'applique avec plus de succès aux objectifs simples qu'aux objectifs doubles, et surtout très-bien à l'appareil Gaudin. Pour se servir ainsi de l'appareil Gaudin, il faut toujours pointer celui-ci droit sur l'ob-

jet à reproduire, et calculer que le centre est
6 pouces au-dessous du plan de la tablette
supérieure. Pour un groupe, on pointe l'appareil au milieu du groupe ; et pour une
vue, on le pointe au milieu de la vue.

CHOIX DES PLAQUES.

On reconnaît la bonté des plaques par
leur blancheur éclatante et leur homogénéité. Leurs piqûres se découvrent en examinant leur surface derrière une feuille de
papier blanc fortement éclairée : tous les
points noirs qu'on y voit alors, sont des
piqûres de cuivre ; et on s'assure de leur
nature en condensant son haleine à la surface. Si le point noir paraît entouré d'une
auréole blanchâtre, c'est une piqûre de cuivre. Si le point noir n'a pas d'auréole, il est

causé seulement par un corps étranger, déposé à la surface de la plaque, et le polissage de la plaque devra facilement le faire disparaître. Je ne crains pas de dire que personne n'a visité plus de plaques que moi ; généralement, donc, celles que je vends ont été choisies, et proviennent des meilleures fabriques. Si, malgré cela, elles présentent encore des piqûres, elles sont du moins aussi peu marquées que possible, et leur qualité est, du reste, supérieure. Je ne saurais trop prémunir les amateurs contre les plaques qu'on leur vend à vil prix ; ils peuvent compter qu'ils en auront pour leur argent, et l'apparition du cuivre dès la première épreuve leur causera d'amers regrets.

POLISSAGE DES PLAQUES.

Les plaques, soit neuves, soit fixées, doivent être frottées à l'huile et au tripoli avec fermeté, en insistant davantage dans les angles et vers les bords; sans cela, le travail ne serait pas assez profond dans ces parties, surtout pour les plaques fixées (1). Le tripoli est toujours assez fort pour enlever radicalement une épreuve fixée; mais il faut frotter assez longtemps en rond avec fermeté; on finit ensuite en long devant soi, en appuyant de moins en moins, puis on assèche en frottant avec un nouveau tampon de coton. Si l'on veut un très-beau poli, on fait succéder un polissage au rouge et à

---

(1) On enleve aussi très-rapidement la couche d'or des plaques fixées en les frottant au tripoli avec de l'eau bromée saturée, étendue de cinq fois son volume d'eau, ce qui dipense du travail à l'huile.

l'huile, que l'on finit au rouge sec. Je conseille de n'employer le rouge en aucune façon pour les grandes plaques ; il devient trop difficile à manier pour celles - ci ; les objets étant plus grands, un beau poli au tripoli donne toujours d'assez beaux noirs, et on est plus certain de réussir avec le travail à l'esprit de vin dont je vais parler.

Quand la plaque a été asséchée au rouge ou au tripoli sec, on la frotte de nouveau avec ces poudres et de l'esprit-de-vin mêlé à son volume d'eau qui contient un vingtième d'acide nitrique pur, ou mieux 1 gramme de nitrate d'argent par litre ; puis l'on frotte jusqu'à ce que la plaque paraisse complétement sèche et d'un poli noir. Enfin on la brunit à plusieurs reprises avec le tripoli ou le rouge sec, en frottant *à tour de bras*.

POLISSAGE A L'ESSENCE DE TÉREBENTHINE.

MM. Foucault et Befield Lefebure, ont les premiers indiqué ce procédé en lui attribuant une foule d'avantages. Le fait est qu'il est très-expéditif et très-constant dans ses résultats ; mais presque toujours les épreuves sont voilées et manquent de vigueur, à moins qu'on ait beacoup insisté sur le dernier poli à sec : voici comment on le pratique.

Après avoir soupoudré la plaque de rouge ou de tripoli, on la frotte avec un tampon légérement imbibé d'essence de térébenthine du commerce bien fluide, et l'on ne cesse de frotter que lorsque la plaque est devenue complétement sèche ; puis on la frotte de nouveau, à plusieurs reprises, au rouge et au tripoli sec. Tout le succès est dans ce dernier tour de main , avec l'essence de térébenthine les piqures de cuivre produisent rarement ces tâches blanches que développe si souvent l'acide ou l'esprit de vin argenti-fère, et les plaques polies plusieurs jours à l'avance peuvent encore servir. Il n'y a donc à lui objecter qu'une absence de vigueur qui s'observe toutes les fois qu'on se fie à l'apparence du poli, plutôt qu'à l'existence du dernier travail à sec.

IODAGE.

Avant d'ioder la plaque, on l'épousette, puis on la place sur la boîte à iode douce-ment ; et, après avoir soufflé dans la boîte à iode, pour en chasser autant que possible les filaments imprégnés d'iode qui pourraient y flotter. Il est essentiel pour le succès que l'iodage marche *très-lentement,* parce que la couche en sera bien plus homogène. La cou-leur à donner sera mentionnée plus bas, en traitant des substances accélératrices qui doivent lui succéder.

SUBSTANCES ACCÉLÉRATRICES.

EAU BROMÉE.

A 60 parties d'eau de rivière ou de pluie ajoutez 1 partie d'eau bromée saturée, et après en avoir empli la cuvette à moitié, exposez-y la plaque pendant deux minutes, et la couche d'iode, avec un grand jour, étant jaune prononcé, on augmente à chaque opération la nappe d'eau bromée d'un 10e.

BROMURE D'IODE.

Le bromure d'iode que je prépare aujour-d'hui en proportions fixes et sans alcool, étant toujours identique et invariable, il suffit de l'étendre suffisamment d'eau pour l'amener à la teinte jaune citron. On en verse alors dans la cuvette le tiers de sa contenance.

Il faut avoir iodé clair, c'est-à-dire *jaune*

paille vu au grand jour, et laisser la plaque jusqu'à ce quelle paraisse jaune d'or foncé, tirant sur le rose, sous un demi jour. Ce bromure d'iode sert ainsi plusieurs jours de suite, avec la précaution de le remuer une fois chaque matin, et de souffler à sa surface chaque fois qu'on y expose une plaque.

Chloro bromure d'iode.

Ce nouveau composé dont je fais aujourd'hui grand usage, s'emploie absolument comme le bromure d'iode, avec cette différence capitale, qui fait son grand mérite, qu'il donne une sensibilité égale avec des couches de couleur quelconque.

Exposition a la chambre noire.

Combien faut-il laisser de temps? voilà la grande question. Cela dépend du foyer de l'objectif, de l'ouverture du diaphragme, de l'intensité et de la qualité photogénique de la lumière, de la couleur des objets à copier, et, par dessus tout, *de la sensibilité de la plaque*, le plus habile peut donc répondre avec assurance : Je n'en sais rien. Il y a cependant certaines règles à observer, qui facilitent la solution du problème. Par exemple : la lumière est bien plus intense à midi qu'au lever et coucher du soleil, c'est-à-dire que la lumière décroît avec l'abaissement du soleil : cela est tout simple ; mais ce qui n'est pas aussi simple, quoique tout aussi vrai, c'est que son pouvoir photogénique décroît plus vite que son intensité, à mesure qua le soleil se trouve plus près de l'horizon, parce que les rayons rouges dominent de plus en plus. Sous un ciel bleu, par un temps couvert ou par le brouillard, ce sont encore de nouvelles intensités à estimer ; enfin si, en plein été, vers midi, il faut seulement 1/4 de seconde pour obtenir le portrait d'une personne placée au soleil, il faudra jusqu'à deux minutes pour obtenir ce même portrait, la personne étant, pendant le haut du jour, en plein air; mais au cœur de l'hiver, et pendant le plus épais brouillard de Paris, différence de 1 à 480.

Il y a encore à considérer l'ouverture du diaphragme. Par exemple, dans l'appareil Gaudin, il y a trois diaphragmes, dont les surfaces d'ouverture sont respectivement entre elles comme 1, 10, 40: la petite étant 1, la moyenne 10, et la grande 40. Le temps à employer, pour obtenir des épreuves avec ces diaphragmes, est en raison de la petitesse de leur surface; l'expérience prouve même qu'il faut plus largement allonger le temps à mesure que les surfaces d'ouverture des diaphragmes diminuent. Ainsi, s'il faut 1/4 de seconde au soleil avec le grand diaphragme, pour un portrait à 1 mètre, il faudra deux secondes avec le moyen, et 40 secondes au moins avec le petit. On fait les vues sensiblement plus vite parce que le foyer diminue de longueur.

DES ECRANS.

L'écran que porte l'appareil Gaudin est une chose indispensable pour les vues, parce que les nuages et les lointains se reproduisent beaucoup plus vite que les premiers plans; c'est au point qu'il faut, en tout temps, 5 fois moins de temps pour faire les nuages ou le ciel que les premiers plans. Voilà pourquoi les grandes épreuves manquent presque toujours de perspective aérienne. Il faudra donc, si l'on veut faire des vues avec un appareil quelconque, lui adapter un écran, ou à défaut, se servir d'une surface noircie qui en tienne lieu, et masquer le ciel au cinquième du temps.

EXPOSITION AU MERCURE.

On peut différer tant que l'on voudra de soumettre la plaque au mercure, après l'opération de la chambre noire. On chauffe d'abord doucement, puis on augmente peu à peu la température, à quelques minutes d'intervalle, jusqu'à ce que l'épreuve paraisse satisfaisante, en la regardant de temps en temps. En opérant ainsi graduellement, on peut élever la température jusqu'à près de 100 degrés; mais il ne faut chauffer d'abord que jusqu'à 40 degrés, et s'habituer à se guider plutôt par le toucher que par le thermomètre, qui ne marque jamais la vraie température du mercure, et finit toujours par crever à cause de quelque vice de construction. L'épreuve doit rester environ 1/4 d'heure au mercure.

LAVAGE A L'HYPOSULFITE.

On peut aussi différer le lavage à l'hyposulfite, pourvu que l'épreuve soit mise
dans une boîte, à l'abri du jour. Rien n'em-
pêche d'ailleurs de l'examiner, tant que l'on
voudra, avant de la laver, pourvu qu'on ne
l'expose pas au soleil. La dissolution d'hyposulfite doit être plutôt forte que faible :
par exemple, 10 parties d'eau ordinaire
au plus, contre 1 partie *de dissolution saturée, filtrée récemment*. Ayant versé ce
mélange dans une cuvette profonde, on y
plonge, *d'un seul coup*, la plaque, après
l'avoir essuyée avec soin, près des bords et
sur le revers. On agite ensuite la cuvette
le plus rapidement possible : quand la plaque est devenue blanche, on s'occupe de
fixer l'épreuve.

FIXAGE DES ÉPREUVES.

On fixe le plus souvent les épreuves avec la dissolution de chlorure d'or indiquée par M. Fiseau, et qui se prépare comme suit.

Dans un demi-litre d'eau ordinaire, on fait dissoudre 4 grammes d'hyposulfite de soude ; dans un autre demi-litre d'eau, on fait dissoudre un gramme de chlorure d'or ; puis on verse, peu à peu, *la dissolution d'or dans celle d'hyposulfite de soude*, en agitant fortement le mélange, surtout en commençant. Quand on a ainsi versé tout le sel d'or dans le sel de soude, le liquide est prêt à servir.

Avant de plonger les plaques dans l'hyposulfite de soude, il est bon de la frotter avec les doigts, près des bords, et surtout aux angles ; par ce moyen, la plaque étant devenue grasse en ces points, le sel d'or qu'on y verse, ne peut que difficilement franchir les bords, et il est maintenu sur la plaque comme dans une cuvette.

Dès que la plaque est devenue blanche, au reflet d'un corps blanc, on l'ote de la cuvette et on la lave à grande eau, en ayant soin d'y laisser une mince nappe du même liquide; puis, après l'avoir placée sur le support à fixer, on y verse *immédiatement* le chlorure d'or. Cela fait, on chauffe légèrement la plaque jusqu'à ce que le liquide commence à fumer; on laisse alors réagir pendant 4 ou 5 minutes, puis on chauffe de nouveau jusqu'à ce que l'épreuve ait pris tout son éclat.

On la lave de nouveau à grande eau, en se servant d'eau filtrée exempte de sels calcaires, par exemple, d'eau de rivière ou de pluie; enfin, après l'avoir saisie par les coins, que leur surface grasse tient constamment secs, on l'assèche, en promenant la lampe par dessous (en agissant de haut en bas), et en soufflant d'une manière continue sur la plaque.

COLORIAGE DES ÉPREUVES.

Le coloriage des épreuves les rehausse certainement beaucoup, quand le travail est exécuté avec délicatesse. Pour y réussir il faut donc une grande habitude, qu'aucune description ne saurait remplacer. Il me suffira donc de dire qu'on doit procéder à ce travail avec des pinceaux très fins et des couleurs riches et impalpables, et surtout n'en mettre qu'une quantité imperceptible. Avec un peu d'exercice, on parvient souvent à produire des effets de chair extraordinaires. Pour bien réussir il faut opérer sur des épreuves vigoureuses et employer de préférence le bleu de Prusse, le vermillon et le jaune de cadmium. Il est bien entendu que les couleurs ne se mettent qu'à sec, et n'adhèrent à la plaque que par la continuité du frottement.

ÉPREUVES AU VERRE JAUNE.

On obtient ces épreuves en se bornant à ioder la plaque au *jaune orangé*, bien entendu qu'on s'abstient avec soin de la regarder au moindre jour en finissant; puis on la place dans la chambre noire. La durée de l'exposition à la chambre noire doit être environ 10 fois plus grande, dans ce cas, que si on opérait avec les substances accélératrices; par exemple, si l'on veut prendre une vue avec le petit diaphragme, celle-ci étant éclairée par un beau soleil d'été, heure de midi, il faudra au moins 5 minutes pour le tout, et 1 minute seulement pour le ciel et les lointains. Ce procédé donne des épreuves

d'une finesse exquise; mais il exige des plaques d'une netteté excessive; c'est pourquoi
les commençants ne réussiront d'abord qu'en
prolongeant encore davantage l'exposition à
la chambre noire.

Au sortir de la chambre noire on place la
plaque (à l'abri du jour) dans l'étui au verre
jaune, et on porte celui-ci au soleil. Si l'é-
preuve doit réussir, elle marquera au bout
de 5 minutes; si, au bout de ce temps, on
ne distingue encore rien, elle ne réussira pas
complétement; mais il n'en coûte rien de
l'abandonner à elle-même, pour connaître
plus tard le résultat définitif. Dès qu'on juge
l'épreuve réussie, on la lave et la fixe comme
les autres.

PORTRAITS.

Pour faire de bons portraits, il importe
avant tout d'opérer rapidement et sous un

jour modéré, afin que l'expression des yeux
soit calme, et porte avec elle le cachet de la
vie, c'est-à-dire que l'œil soit bien dessiné,
le globe brillant et les sourcils exempts de
contraction : voilà pourquoi, avec la promp-
titude que nous ne saurions dépasser encore, l'appareil Gaudin est celui qui produit les meilleurs portraits, par cela seul
qu'il opère plus vite que tout autre ; mais,
pour ne pas échouer avec cet appareil, il
faut éviter de le placer dans un endroit plus
éclairé que la personne, ou bien, *dans ce
cas, ne jamais soulever entièrement l'écran*,
c'est-à-dire ne pas lui faire dépasser la
plan du dessus de la boîte. On doit toujours
placer les personnes dans un angle, de manière à ce qu'il y ait un côté plus éclairé
qu'un, autre sans cela il n'y aurait pas d'om-
bre, et, par conséquent, pas de formes. La
personne à représenter doit, autant que
possible, être abritée par un toit, afin d'é-

viter l'excès de lumière sur le front et le nez. Enfin il faut laisser agir les habits un peu plus longtemps, en masquant le haut de la personne par l'abaissement progressif de l'écran.

OBSERVATIONS.

Le travail au tripoli seul est plus sûr pour les commençants et poùr les grandes plaques : on ne doit finir au rouge que quand on a acquis une certaine pratique, et seulement les petites plaques.

Relativement aux substances accélératrices, ce sera le bromure d'iode et le chloro-bromure d'iode que je conseillerai d'employer de préférence, aujourd'hui que je prépare ces composés avec précision, et qu'ils sont par conséquent devenus invariables. C'est, en effet, avec le bromure d'iode que mon frère et M. Claudet ont produit les épreuves qui ornent la devanture de M. Lerebours. M.Claudet a caché cette circonstance, lorsqu'il a présenté les siennes à l'Institut.

Quand la sensibilité des substances accélératrices paraît diminuer, on y remédie facilement en versant dans la capsule quelques gouttes d'eau bromée saturée suivant sa grandeur; ou mieux encore en iodant la plaque plus légèrement. Par ce moyen, le contenu de la même capsule peut servir cinq ou six jours de suite sans le renouveler. On ne chauffe les plaques qu'autant qu'elles présentent des taches de mercure, et, dans ce cas, la flamme de la lampe à alcool ne suffisant pas pour chasser seule le mercure, il faut activer cette flamme avec un chalumeau dont le dard vient frapper en dessous, à l'endroit de la tache.

ELECTRO-PLASTIE.

Pour obtenir de belles contre-épreuves en cuivre, il faut employer du sulfate de cuivre de bonne qualité, et opérer avec une dissolution *saturée et filtrée, exempte de poussière à sa surface.*

Avant de plonger l'épreuve *fixée* dans le bain de cuivre, on doit la laver de nouveau à l'hyposulfite, après l'avoir *vernie sur le revers et les épaisseurs* avec le vernis au caoutchouc. On la rince ensuite à grande eau, puis on la plonge dans la cuve encore couverte d'eau. C'est alors seulement qu'on la met en communication avec le pôle zinc d'un élément de Bunsen en bon état, c'est-à-dire chargé tout récemment d'acide nitrique du commerce dans le vase en verre et d'acide sulfurique étendu de trente volumes d'eau dans le vase en porcelaine. Avec ces précautions, le cuivre n'adhèrera pas ; et si, contre toute attente, il adhérait, et qu'on tint à recouvrer l'épreuve, il suffirait de la mettre en communication avec le pôle charbon, tandis qu'on adapterait l'électrode en cuivre au pôle zinc. Quand le bain se trouble, on l'éclaircit en y versant quelques gouttes d'acide sulfurique étendu, qui donne un cuivre très-nerveux. L'opération va bien quand le cuivre déposé a une belle teinte rose ; ce dont on s'assure en ôtant *momentanément* l'épreuve du bain, pour l'examiner.

Quand on pense que le cuivre est suffisamment épais, ce qui arrive généralement dans l'espace d'une demi journée, on retire l'épreuve du bain, on la lave à grande eau et on l'assèche avec une serviette ou du papier à filtrer. Une fois sèche, on en coupe les bords extrêmes avec une forte paire de ciseaux, et avec une lime, en la faisant agir de l'épreuve au cuivre, on détermine tout autour un commencement de séparation que l'on achève en saisissant le cuivre par un coin et l'enlevant peu à peu. Si le cuivre était trop épais près des bords pour être coupé avec des ciseaux, on ferait agir seulement la lime comme je viens de le dire.

Quand on a interverti les pôles pour dégager une épreuve d'un cuivre adhérent, il faut épier le moment où le cuivre se trouve tout dissous; autrement, par une action prolongée du courant, l'épreuve elle-même serait attaquée.

Pour mettre l'épreuve en communication avec le pôle zinc de la batterie, il est très-commode de couper l'épreuve avec des ciseaux à sa partie supérieure, de manière à obtenir un ruban métallique qui reste adhérent à l'épreuve et s'accroche facilement à la traverse du pôle zinc.

On tient l'épreuve aussi éloignée que possible en commençant, et on l'approche de plus en plus de l'électrode à mesure que la couche de cuivre s'épaissit.

FIXAGE A FROID

AU CHLORURE D'OR.

A du chlorure d'or pour fixer à chaud, on ajoute quelques gouttes de dissolution saturée d'hyposulfite et 1 ou 2 gouttes d'ammoniaque ; puis on y plonge d'un seul coup la plaque au sortir de la chambre à mercure, on l'agite rapidement pour dissoudre la couche sensible et l'on continue de balancer légèrement l'assiette jusqu'à ce qu'on ait obtenu le ton convenable. Cette opération dure à peu près un quart d'heure, et ne donne de beaux résultats qu'avec des épreuves très-lumineuses. Il faut ajouter peu d'ammoniaque, parce que son excès rend

les bords bien plus foncés que le centre.
L'effet paraît être produit par un alliage
d'or et de cuivre.

COLORIAGE ET FIXAGE A L'HYPOSULFITE.

Pour donner une teinte bistre aux épreuves, on verse à leur surface, après les avoir
placées sur le support, de l'hyposulfite de
soude en dissolution presque saturée, c'est-
à-dire de la dissolution saturée, mêlée à $1/5^e$
d'eau ordinaire, que l'on porte rapidement
au point d'ébullition, en égalisant autant
que possible la température et versant de la
même dissolution sur les bords, aussitôt que
a nappe tend à se dessécher. On doit bien
veiller l'épreuve et s'arrêter aux premières
teintes, pour ne pas arriver à une couleur
foncée qui assombrirait trop l'épreuve. On
la lave ensuite comme à l'ordinaire ; le se-

chage de ces épreuves est difficile, par la manière toute particulière qu'elles ont de se comporter avec l'eau.

Les plus belles teintes s'obtiennent en agissant sur les épreuves déjà fixées au chlorure d'or ; néanmoins les épreuves sortant de la boîte à mercure donnent par ce procédé de beaux résultats.

ARGENTAGE DES PLAQUES.

Les plaques fixées au chlorure d'or s'argentent parfaitement avec le bain d'argent décrit plus haut ; il suffit auparavant de les frotter un peu au tripoli sec pour enlever la couche saline qu'a déposée l'eau de lavage. Au bout d'une minute ou deux de séjour dans le bain, le circuit étant bien établi, la plaque est argentée.

Et il suffit, quand elle a été lavée à l'eau ordinaire, de la frotter au tripoli sec pour obtenir des épreuves magnifiques. Tant il est vrai qu'une épreuve fixée au chlorure d'or offre le meilleur terrain possible pour l'argentage.

Les plaques avec couche d'iode sans tache s'argentent trés-bien en les traitant comme des épreuves qu'on veut fixer, au sortir de la boîte à mercure ; mais il est plus sûr d'enlever la couche sensible par un frottage au tripoli.

Pour argenter le cuivre rouge ou le laiton, il faut polir ces métaux à l'huile jusqu'à ce qu'il n'y ait plus de grosses raies, ni de trous. Puis, on brunit au noir de fumée. La plaque reste grasse ; néanmoins, elle ne s'en argente que mieux. *Éviter toujours d'avoir de la poussière à la surface du bain, et vernir le revers au caoutchouc ou à la cire dissous dans l'éther.*

On laisse ces plaques de cuivre deux ou trois minutes dans le bain, la pile étant faiblement chargée.

Le cuivre rouge s'argente mieux que le laiton, ou, ce qui est plus exact, il est plus facile d'avoir avec le premier une surface exempte de moiré.

Pour plus de détails, voir le *Traité pratique de photographie* de mon frère.

FIXAGE AU BAIN D'ARGENT.

Mon frère a fait connaître tout récemment un nouveau procédé, pour fixer les épreuves, qui donne des résultats très-beaux et facilite singulièrement le travail des plaques.

Voici son procédé : il prépare un bain d'argent composé de cyanure ou de chlorure d'argent dissous dans un excès de cyanure de potassium *blanc;* dans ce bain *filtré et exempt de poussière* il plonge rapidement la plaque au sortir de la boîte au mercure, en la tenant par un de ses angles avec une petite pince en acier. Dès qu'il juge que la couche sensible a disparu, ce qui doit avoir lieu dans l'espace de quelques secondes, comme avec l'hyposulfite, il saisit le pôle zinc d'un élément de Bunsen dont le pôle charbon est adapté d'avance à une plaque *d'argent fin* mise à demeure dans le bain et placée en regard de la plaque à fixer, l'épreuve acquiert peu à peu de l'éclat : on la retire de temps en temps, et dès qu'on la trouve suffisamment claire, on la retire en abandonnant le fil du pôle zinc pour la laver à grande eau et la sécher comme d'usage.

Pour mettre le fil du pôle zinc en rapport avec l'épreuve, il suffit de tirer ce fil entre le pouce et la pince qui soutient l'épreuve.

On peut aussi presser le fil du pôle zinc entre les mâchoires de la pince et la plaque en immergeant l'épreuve; mais alors il faut retirer avec l'autre main l'électrode en argent fin du bain et ne le remettre que quand la couche sensible a été dissoute.

Si l'on néglige de vernir le revers des plaques, le bain prend du cuivre pendant les instants où le circuit est rompu, ce qui nuit par la suite à son effet. Les bains contenant du cuivre en certaine quantité voilent les noirs des épreuves et donnent des couches d'argent d'un faible pouvoir photogénique.

Quand une épreuve a été fixée solidement au bain d'argent, il suffit de la frotter au tripoli sec pour faire une nouvelle épreuve.

Le fixage au bain d'or s'effectue d'une manière analogue, avec un bain composé de chlorure ou bromure d'or mêlé au cyanure de potassium; mais outre que ce bain est bien plus dispendieux, la présence de l'or est très-gênante, quand on veut faire une nouvelle épreuve.

AVIS.

Ayant monté des ateliers pour la fabrication des passepartout peints, guillochés et ordinaires, je puis livrer à mes commettants cet article à bon compte et en belle qualité. Le grand débit que j'en ai me permet en outre d'établir souvent de nouveaux modèles aussi riches qu'élégants, et d'exécuter tous les articles d'encadrement.

Prix Courant

DES DAGUERREOTYPES

DE A. GAUDIN.

76, Rue Montmartre.

———————————

APPAREIL GAUDIN. Cet appareil construit en noyer d'après
un principe particulier, permet, dans les circonstances favo-
rables , d'opérer en une fraction de seconde; il est muni
de diaphragmes variables, et la boîte contient, outre la
pharmacie ordinaire, la planchette à polir, la cuvette et la
glace pour le bromure d'iode avec les deux flacons, le chlorure d'or, le support en cuivre pour fixer les épreuves, etc.
Prix. . . . . 75 »
La chambre noire de l'appareil ci-dessus entièrement
en cuivre et objectif garanti. . . . . 23 »

APPAREIL NORMAL de M. DAGUERRE, perfec-
tionné, entièrement en noyer, muni de tous ses
accessoires, 6 plaques au 30ᵉ, pied à fixer, pharmacie complète, planchette à polir, bassine, cuvette
à brôme, etc., etc. . . . . 225 »
     Pour 1/2 plaque . . . . 135 »
     » 1/4 de plaque . . . . 80 à 100 »
Appareil dit à portrait, pour 1/6 de plaque. . . . 70 »

DAGUERRÉOTYPES SYSTÈME ALLEMAND, très
complet, pour plaque entière . . . . .290 »
    » 1/2 plaque . . . . .180 »
    » 1/4 » . . . . .110 »
    » 1/6 » . . . . 80 »

Ces appareils sont entièrement en noyer, de construction solide et nouvelle, à compartiments, et,
comme ceux ci-dessus, munis de tous les accessoires nécessaires pour obtenir de belles épreuves ; ils
sont en outre garantis parfaits, tant pour la netteté
des verres que pour la confection des accessoires.
Leur prix peut être réduit de 10 à 15 p. 0/0, selon
leur composition et la perfection des objectifs.
Pharmacie portative à compartiments pour le voyage.
de . . . . .20 à 50 »

OBJECTIFS SIMPLES , SYSTÈME ALLEMAND,

montés et non montés.

—   Achromatique pour plaque entière . . 40 »
    Avec sa monture en cuivre. . . . . 50 »
    Double, système allemand , avec sa
    monture cuivre à crémaillère. . .140 »
—   Achromatique pour 1/2 plaque. . . . 20 »
    Avec sa monture en uivre. . . . . 25 »
    Double, système allemand , avec sa
    monture cuivre à crémaillère . . . 65 »
—   Achromatique pour 1/4 de plaque . . 12 »
    Avec sa monture en cuivre. . . . . 18 »
    Double, système allemand , avec sa
    monture en cuivre à crémaillère. . 45 »
—   Achromatique pour 1/6 de plaque . . 6 »
    Avec sa monture en cuivre à dia-
    phragme sans crémaillère . . . . 11 »
    Double, système allemand , avec sa
    monture cuivre à crémaillère . . . 25 »

GLACES à REDRESSER, avec monture à coulisse.

        Pour plaque entière . . . . . . 6) »
        » 1/2 plaque 33
        « 1/4 » . . . . 24 »

PRISMES à REDRESSER.

        Pour 1/2 plaque . . . . 60 »
        » 3/4 . . . . 50 »
        » 1/6 » . . . . . . 40 »

PLAQUES garanties au 30e 1er choix.

Le prix des plaques varie suivant le titre et le choix.

        Pour plaque entière . . la douz. de 50 à 64 »
        » 1/2 plaque 4 p. 1/2 sur 6. . de 30 à 32 »
        » 1/2 » 4 » 6. . de 27 à 30 »
        » 1/3 » . . . . de 30 à 23 »
        » 1/4 » . . . . . . de 13 à 16 »
        » 1/6 » long . . . . de 9 à 11 »
        » 1/6 » carré 12 50
        » 1/8 » 8 50
        » 1/9 » 6 50

SUPPORT pour appuyer la tête 5 50
        — avec articulation . 13 50

PIED pour le Daguerréotype . . . . . . de 10 à 15 »
        — — à 6 branches . de 19 à 21 »
        — brisé à genouil.re garn.re cuivre. de 21 à 26 »
        — nouveau modèle, vis en bois. de 15 à 18 »

CHAMBRES NOIRES à coulisses, nouveau modèle,
avec un châssis à glace et un à ressort, une seconde
planchette.

        Pour plaque entière . . . . . . 30 »
        » 1/2 plaque . . . . . . 24 »
        » 1/4 . . . . 17 »
        » 1/6 . . . . 11 »

BOITES A MERCURE, nouveau modèle, à porte
et tiroir, pieds rentrants, avec thermomètre et
verre rouge sur le côté.

Pour plaque entière . . . . . . 20 »
 » 1/2 plaque. . . . . 41 »
 » 1/4 » . . . . 11 »
 » 1/6 » . . . . 10 »

BOITES A IODE nouveau système.
 Pour plaque entière . . . . . . 7 »
 » 1/2 plaque. 5 50
 » 1/4 » 3 75
 » 1/6 » . . . . 3 »

BOITES A PLAQUES, en noyer, de construction solide, de 6 à 12 rainures.
 Pour plaque entière, poignées en cuivre. 5 50
 » 1/2 plaque.   »   4 »
 » 1/4 »   »   2 »
 » 1/6 »   »   1 75
 » 1/8 »   »   1 50

PLANCHETTES A POLIR, en noyer.
 Pour plaque entière 2 75
 » 1/2 plaque. 2 50
 » 1/4 » . . . . 2 »
 » 1/6 » 1 75
 » 1/8 » 1 50

USTENSILES ET ACCESSOIRES DIVERS.

POLISSOIRS EN VELOURS, pour donner le dernier coup aux plaques. . . . . 1 »

BASSINES en faïence.
 Pour plaque entière 2 75
 » 1/2 plaque. . . . . 2 »
 » 1/4 » 1 75
 » 1/6 » 1 50
Les mêmes en porcelaine, de 50 à 1 fr. de plus la pièce.

CUVETTES en faïence, avec leurs glaces dépolies, pour toutes substances accélératrices.

Les mêmes en porcelaine de 50 cent. à 2 fr. en plus suivant la grandeur.

Pour plaque entière	3	75
» 1/2 plaque.	2	75
» 1/4 »	2	»
» 1/6 »	1	50

POT A BROME pour l'appareil GAUDIN, avec sa glace dépolie. 1 50

PRODUITS CHIMIQUES ET SUBSTANCES DIVERSES.

Potée d'éméri, pour enlever la batiture.	le kilo. . .	4	»
— —	le flacon. .	»	50
Ponce extrafine, décantée, calcinée. . .	le k° de 6 à	10	»
— —	le flacon. .	1	»
Tripoli surfin, lavé, calciné.	le k° de 6 à	10	»
— —	le flacon. .	1	»
Rouge à polir, superfin	le k° de 18 à	30	»
— —	le flacon. .	1	50
Coton fin.	le k°. . .	4	»
— extrafin	le k°. . .	5	»
Brôme pur, flacon bouché à l'eméri (au cours).	les 25 gram.	2	75
Hyposulfite de soude cristallisé avec flacon	les 500 gram.	6	50
Iode en grains (au cours).	les 50 gram.	2	25
Chlorure d'or, préparé pour fixer les épreuves, le 1/2 litre bouché à l'émeri.		2	50
Chlorure d'or, solide, avec flacon bouché à l'émeri.	le gramme.	3	75
Chlorure d'or, solide, avec flacon ordinre.	le gramme.	3	25
Mercure distillé, avec flacon (au cours).	le kilo. . .	18	»
Dissolution alcoolique d'Iode	le flacon. .	»	60
Chlorure d'Iode, flacon bouché à l'émeri.	les 25 gram.	2	50

Liqueur allemande. . . . , ... le 1/4 de litre 2 50
    — hongroise. . . . . le flacon. . 4 50
Dissolution d'hyposulfite de soude, pour
  le lavage des plaques, flacon bouché
  à l'émeri. . . . . le litre . . 2 »
Eau brômée, saturée. . . . . . . le flacon. . 75 »
Brômure d'Iode, étendu d'eau, flacon
          bouché à l'émeri. . . le 1/2 litre. 2 50
    —   concentré. . . . . le 1/4 de litre 3 50
Iodure de brôme concentré . . . . le 1/4 de litre 3 50
Acide nitrique préparé. . . . . . . le flacon. . 1 •
Alcool, bouché à l'eméri . . . . . le flacon. . 1 50
Eau distillée, avec flacon . . . . . le litre. . . . 1 »
    — sans flacon. . . . . . le litre. . . . » 50
Essence de térébenthine. . . . . . le flacon. . 1 »
Préparation pour le polissage des plaques,
  suivant la grandeur du flacon . . . de 1 à. . . 3 »
Poudre d'os, superfine. . . . . . . les 500 gram. 3 50

PASSE-PARTOUT CARTON BRIS-
  TOL, verres polis, de toutes formes
  d'ouverture,
        Pour plaque entière, la douzaine. 14 »
         » 1/2 plaque. . .   » 7 50
         » 1/3 » . . .   » 5 »
         » 1/4 » . . .   » 3 50
         » 1/6 » . . .   » 2 75
         » 1/8 » petit.   » 2 50
Les mêmes en carton Bristol, avec fond de couleurs
  variées, 50c en plus par douzaine jusqu'au 1/3 et
  35c pour les autres grandeurs au-dessous.

PASSE-PARTOUT peinture sur verre, avec filets
  noirs, verres polis.
        Pour plaque entière . . . la douzaine. 20 »
        • grande 1/2 plaque. .   » 12 »
        « 1/3   » . . » 8 »

» 1/4 » . . » 6 »
» 1/5 » . . » 5 à 5 50
» 1/6 » petit » 4 25

Les mêmes avec fonds de couleurs variés, 2 fr. de plus
par douzaine jusqu'au 1/3, et 1 fr. pour les grandeurs au-dessous.

PASSE-PARTOUT peinture sur verre, avec filets noirs
guillochés, desseins variés.

Ovales pour 1/2 plaque. la douzaine. 12 ·
» 1/3 » . . » 9 »
» 1/4 » . . » 7 »
» 1/6 » . . » 6 »
» 1/6 » petit » 5 »

Les mêmes, mais octogones, de 6 à 10 fr. de plus
par douzaine, suivant la grandeur du passe-partout.

PASSE-PARTOUT peinture sur verre, avec filets or.

Pour plaque entière.. . la douzaine. 24 »
» 1/2 plaque . . » 15 »
» 1/3 » » 10 »
» 1/4 » » 8 50
» 1/6 » » 6 50
» 1/6 » petit » 1 25

Les mêmes, mais octogones, de 8 à 12 fr. en plus
par douzaine suivant la grandeur.

Tous les PASSE-PARTOUT ci-dessus en glace au
lieu de verre :

Pour plaque entière. en plus par douzaine. 7 »
» 1/2 plaque . . » » 5 »
» 1/3 » » » 4 50
» 1/4 » » » 4 »
» 1/6 » » » 5 »
» 1/6 » » » 2 25

CADRES ESTAMPÉS, DORÉS ou BRONZÉS; modèles variés.

4

Pour plaque entière. . . . . . . la douzaine. 84 »
» 1/2 plaque . . . . » 45 50
» 1/4 » renaissance rocaillé. » 22 à 27 «
» 1/6 » grand . . . . . » 15 à 18 »
» 1/6 » petit . . . . . » 12 à 18 »

Ces cadres se rapportent parfaitement aux grandeurs de mes Passe-partout et sont tous choisis.

CADRES EN SAPIN, vernis à filets.

Pour 1/4 plaque . . la douzaine. 8 »
» 1/6 » . . » 7 »

CADRES EN PALISSANDRE, ERABLE, CITRON et filets.

Pour plaque entière. la douzaine. 27 »
» 1/2 plaque . . » 17 »
» 1/4 » . » 14 »
» 1/6 » » 11 »

Les mèmes sculptés riches et nouveaux modèles . . . . » 24 à 50 »

CADRES MÉDAILLONS, façon ébène, Glaces 1/2 fines, Cercles dorés.

Pour 1/4 plaque . . la douzaine. 24 »
« 1/6 » . . » 18 »
Glaces fines . . . au plus par » 4 »

CADRES MÉDAILLONS, poudre d'écaille, à mille raies et dessins, Glaces 1/2 fines.

Cercles dorés pour 1/4 plaque. la douzaine. 39 »
» » 1/6 » 24 »
Glaces fines. . . . en plus par douzaine. . 4 »

PLANCHETTES EN BOIS DES ILES, Glacées 1/2 fines à filets.

Pour 1/4 plaque. . . la douzaine. 37 »
» 1/9 » . . » 24 »
Glaces fines. . . en plus par douzaine. .

PLANCHETTES EN VELOUR, soit uni ou gauffré.

Pour 1⁄4 plaque. . . . la douzaine.	33	»
» 1⁄6 » . . »	30	»

CADRES EN VELOUR, soit avec ornements dorés ou argentés, ciselés, modèles très-riches et variés . . . . la douzaine de 30 à 50 »

MÉDAILLONS avec glaces fines. » 21 à 36 »

BROCHES, dorées, modèles

variées. . . .	»	6 à	30 »
» argent doré . · la pièce. . de	12 à	15 »
» or . . ˙ . . .	»	20 à	30 »

ÉPINGLES dorées assorties . . la douzaine de 18 à 21 »

ECRINS en mouton peinture filet or.

» Pour 1⁄4 plaque. la douzaine.			28 »
» en maroquin ou chagrin 1⁄4	»	»	30 »
» » avec entourage d'or 1⁄4	»	»	48 »
» en mouton, fermeture filet or ; . . . . . 1⁄6	»	»	27 »
» en maroquin ou chagrin 1⁄6	»	»	27 »
» » entouragé doré. 1⁄6	»	»	40 »
» ordinaire nouv. genre . 1⁄4	»	»	18 »
» avec passe-partout, peinture filets noirs. de 12 à			18 »

NOUVEAU SEL D'OR de MM. GELIS et FORDOS, flacon d'un gramme bouché à l'Émery. 4 50

ÉCRINS à crochets avec filets noirs pour 1⁄6 la douzaine 12 »

— 1⁄4 15 »

NOUVELLE substance accélératrice dispensant d'ioder le 1⁄4 de litre 2 50

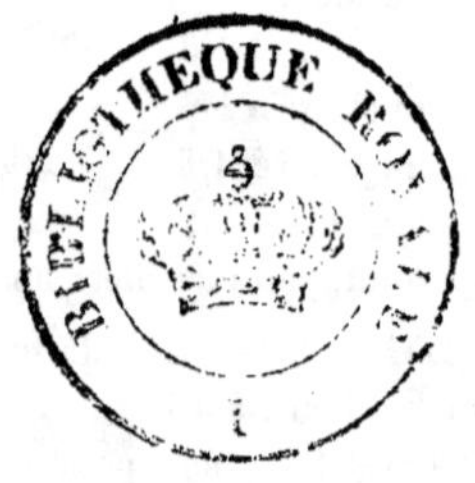